BEI GRIN MACHT SICH WISSEN BEZAHLT

- Wir veröffentlichen Ihre Hausarbeit,
  Bachelor- und Masterarbeit

- Ihr eigenes eBook und Buch -
  weltweit in allen wichtigen Shops

- Verdienen Sie an jedem Verkauf

Jetzt bei www.GRIN.com hochladen
und kostenlos publizieren

Bibliografische Information der Deutschen Nationalbibliothek:

Die Deutsche Bibliothek verzeichnet diese Publikation in der Deutschen National-
bibliografie; detaillierte bibliografische Daten sind im Internet über http://dnb.d-
nb.de/ abrufbar.

Impressum:

Copyright © 2017 GRIN Verlag
Druck und Bindung: Books on Demand GmbH, Norderstedt Germany
ISBN: 9783346165602

Dieses Buch bei GRIN:

https://www.grin.com/document/588055

Anonym

Thomas Manns "Tonio Kröger". Das Herz als Leitmotiv und seine Funktionsweise

GRIN Verlag

GRIN - Your knowledge has value

Der GRIN Verlag publiziert seit 1998 wissenschaftliche Arbeiten von Studenten, Hochschullehrern und anderen Akademikern als eBook und gedrucktes Buch. Die Verlagswebsite www.grin.com ist die ideale Plattform zur Veröffentlichung von Hausarbeiten, Abschlussarbeiten, wissenschaftlichen Aufsätzen, Dissertationen und Fachbüchern.

Besuchen Sie uns im Internet:

http://www.grin.com/

http://www.facebook.com/grincom

http://www.twitter.com/grin_com

Christian-Albrechts-Universität zu Kiel

Germanistisches Seminar

Thomas Manns Erzählungen und Novellen

Sommersemester 2017

Das „Herz" als Leitmotiv in Thomas Manns Erzählung *Tonio Kröger*

mit besonderem Fokus auf seine Funktionsweise

Inhaltsverzeichnis

1. Einleitung

Die Erzählung *Tonio Kröger*, die Thomas Mann 1903 zunächst in der *Neuen deutschen Rundschau* publizierte, gilt als einer seiner populärsten Texte. Der Autor selbst bezeichnete das Werk stets als nostalgisch und ordnete es dem Genre der psychologischen Kurzgeschichte zu.[1] *Tonio Kröger* gehört zu den sogenannten frühen Erzählungen Manns und fand seiner Zeit äußerst positive Resonanz. 27 Jahre nach der Veröffentlichung versicherte Thomas Mann, diese ‚kleine Dichtung stehe seinem Herzen am nächsten'.[2] Bezeichnend ist, dass sich eben das Herz als Leitmotiv in der Novelle finden lässt. Es changiert bei der Identitätssuche des Titelhelden zwischen den Polen lebendig und tot. Tonio Kröger scheint gefangen in der Unüberbrückbarkeit des Gegensatzes von Kunst und Bürgerlichkeit. Aus gutbürgerlichem Elternhause stammend und als Literat wirkend kämpft Tonio damit, sich als Künstler im Leben zu positionieren. In seiner Wahrheit schließen sich Künstlertum und Emotionalität aus.

Das Herz verweist in verschiedenen Kontexten der Erzählung auf die Emotionalität der Titelfigur. Als Organ mit zentraler Lebensfunktion ist es gleichzeitig Sitz der Gefühle. Am Anfang der Geschichte ist die Lebendigkeit des Herzens an Tonios jugendliche Liebe zu Hans Hansen und Ingeborg Holm gebunden. Der aus der Ablehnung resultierende Schmerz und die Sehnsucht nach gesellschaftlicher Anerkennung stehen ebenfalls in Verbindung zur Vitalität des Herzens. Als erwachsener Mann beginnt fernab seiner nordischen Heimatstadt die künstlerische Entfaltung Tonios. In dieser Krisenzeit gerät er unter einen Leidensdruck ob seines tief liegenden Außenseiter-Bewusstseins als Künstler. Sein Herz wird in diesem Augenblick als tot beschrieben.[3] Tonios Herz hat auch in unlebendigem Zustand Empfindungen. Das leitmotivische Herz scheint also nicht per se als psychisches Organ für die Gefühle zu fungieren.

Ziel dieser Arbeit soll es sein, der Frage nach dem leitmotivischen Fungieren des „Herzens" in der Novelle *Tonio Kröger* nachzugehen. Es werden die Emotionszustände Tonio Krögers in Hinblick auf die Vitalität seines Herzens in einen Zusammenhang mit seinem Künstlertum gebracht. Hierfür wird zunächst die Beschreibung von

---

[1] Vgl. Hugh Ridley / Jochen Vogt: Thomas Mann. UTB Profile (Bd. 3283). Paderborn 2009, S. 27.
[2] Vgl. ebd., S.29.
[3] Vgl. Thomas Mann: Tonio Kröger, in: Ders.: Die Erzählungen. Einmalige Sonderausgabe. S. Fischer, Frankfurt am Main 2005, S. 265 – 331, hier: S. 284. *Im Folgenden abgekürzt:* Mann: Tonio Kröger.

Emotionalität mit besonderem Fokus auf das Gefühl *Liebe* genauer untersucht. Alsdann werden die Pole „lebendiges Herz" und „totes Herz" herausgearbeitet und mit Fokus auf Tonios Gefühle in ihren konkreten Kontexten analysiert. Es wird beleuchtet, welche Funktionalität die beiden Herzenszustände in Bezug auf Tonios künstlerische Identität und Produktivität sowie seine Position in der bürgerlichen Gesellschaft haben.

2. Die Emotionen in *Tonio Kröger*

Im kommenden Abschnitt werden die Gefühlsäußerungen der Hauptfigur genauer beleuchtet. Dabei wird zunächst auf das Gefühl der Liebe eingegangen, weil sie eine große Rolle in Tonio Krögers Leben spielt. Außerdem werden durch die Liebe weitere heftige und daher erwähnenswerte Emotionen in Tonio ausgelöst. Sodann soll gezeigt werden, wie der Autor Gefühle und Körperlichkeit miteinander verwebt, um an einer späteren Stelle dieser Arbeit, die sich mit Tonios Herz und seiner Lebendigkeit befasst, darauf Bezug zu nehmen.

2.1. Die Liebe

Im Zentrum vieler emotionaler Momente innerhalb der Novelle *Tonio Kröger* steht die Liebe. An erster Stelle ist sicher die Liebe zu anderen Personen zu erwähnen. In den ersten beiden Kapiteln dominiert das Thema der Hingezogenheit Tonios zu Hans Hansen und Ingeborg Holm. Wiederholt wird direkt benannt, dass Tonio die beiden liebt. Im ersten Kapitel betrifft die Liebe des vierzehnjährigen Tonios ausschließlich den jungen Mann: *„Die Sache war die, daß* [sic.] *Tonio Hans Hansen liebte."*[4]. Das zweite Kapitel beginnt dann unumwunden mit der Beschreibung über *„*[d]*ie blonde Inge, Ingeborg Holm,* [...] *sie war's, die Tonio Kröger liebte, als er sechzehn Jahre alt war."*[5] Dass Tonio verliebt ist, wird explizit an weiteren Stellen in den ersten beiden Kapiteln benannt, sowie gegen Ende der Novelle erinnernd wieder aufgegriffen.[6] Ein anderer Mensch, den Tonio liebt, ist sein Vater. *„Tonio hatte am Fußende seines Sterbebettes gesessen* [...] *gänzlich hingegeben an ein stummes und starkes Gefühl, an Liebe und Schmerz."*[7] Ebenso wie bei Ingeborg und Hans ist die Liebe zum Vater mit

---

[4] Mann: Tonio Kröger, S. 267.
[5] Ebd., S. 275.
[6] Tonios Liebe **zu Hans**: Vgl. S. 269, S. 270, S. 275, S. 325, **zu Inge**: Vgl. S. 276, S. 279, S. 282, S. 325.
[7] Mann: Tonio Kröger, S. 307.

Schmerz und Leid konnotiert. Intertextuell wird durch Tonios Begeisterung für *Don Carlos* darauf Bezug genommen. Auch die Figuren in Schillers Drama sind verletzt aus Gründen der Liebe.[8]

Als erfolgreicher Schriftsteller über Dreißig ist es die Liebe zum Leben, welche Tonio beschäftigt. Im vierten Kapitel, das nahezu ein Monolog Tonios über die Zweiteilung der Welt in Geist und Natur ist, bekundet er mehrmals: *„Ich liebe das Leben."*[9] Im weiteren Verlauf wird dann auf Tonios Liebe zum Norden eingegangen. Tonio plant im fünften Kapitel eine Reise nach Dänemark zu machen und ist voller Vorfreude auf dieses Land, welches er *„von jeher gekannt und geliebt"* hatte.[10] Auffallend ist, dass er als erste Begründung für seine Zuneigung zum Norden *„die Bücher, die dort oben geschrieben werden,"* erwähnt.[11] Liebe und Literatur werden hier in einen direkten Zusammenhang gebracht. Während der Überfahrt mit dem Schiff wird Tonio erfüllt von einem *„Sang an das Meer, begeistert von Liebe."*[12] Hier ist es ein Naturphänomen, das in Tonio die Liebe hervorruft. Der Norden bedeutet für Tonio gleichsam Heimat, welche er liebt. So werden im ersten Kapitel sein Elternhaus mit Springbrunnen und Walnussbaum beschrieben und *„in der Ferne das Meer, die Ostsee, [...] die er liebte."*[13] Im letzten, abschließenden Kapitel fasst Tonio sein bisheriges Leben zusammen und spricht von seiner Liebe als eine *„Bürgerliebe zum Menschlichen, Lebendigen und Gewöhnlichen."*[14] Bemerkenswert ist hier die Spezialisierung der Emotion als etwas Bürgerliches.

Das Motiv der Liebe hat in der Novelle drei unterschiedliche Formen des Bezugsobjekts: Tonio spürt Zuneigung zu anderen Menschen, einem Mann, einer Frau, seinem Vater. Ferner liebt Tonio etwas nicht Stoffliches und zugleich Menschliches, das Leben. Außerdem spielt die Liebe zu seiner Heimat, dem Norden, eine gewichtige Rolle. Diese dritte Form der Liebe zeichnet sich sowohl durch die Liebe zur Literatur als auch zur Natur aus. Die drei Formen der Liebe gliedern die Novelle entlang an

---

[8] Vgl. Mann: Toni Kröger, S. 271.
[9] Ebd., S. 296.
[10] Ebd., S.300.
[11] Ebd., S.300.
[12] Ebd., S. 315.
[13] Ebd., S. 268.
[14] Ebd., S. 331.

Tonios Lebensverlauf gleichsam in drei Teile: Tonios Jugend, Tonios Leben als Künstler und Tonios Rückkehr in die Heimat.

2.2 Die Verbildlichung der Emotionen

In *Tonio Kröger* werden emotionale Erlebnisse des Helden oft durch damit einhergehende, starke körperliche Reaktionen beschrieben.

Der Autor stellt Gefühlsausbrüche und die damit verbundenen Körperaktivitäten sehr bildhaft dar. So bringt die Freude darüber, Hans zu treffen, Tonios Inneres in *„hüpfende und jubelnde Bewegungen"*.[15] Das Leid, welches die Liebe zu Hans mit sich bringt, äußert sich in einer *„neidischen Sehnsucht, die oberhalb der Brust saß und brannte."*[16] Wenn auf diese sehnsüchtige Liebe dann intertextuell mit Schiller Bezug genommen wird, empfindet Tonio Stellen im *Don Carlos* als derart schön, *„daß* [sic.] *es einem einen Ruck gibt, daß* [sic.] *es gleichsam knallt..."*[17] Bei den Qualen, welche die Nichterwiderung der Liebe seitens Hans' bei Tonio verursachen *„schnürte sich ihm die Kehle zusammen."*[18] Die Sehnsucht bewirkt, dass Tonio spürt, wie *„der Drang zu weinen ihm prickelnd in die Nase stieg, auch hatte er Mühe sein Kinn in der Gewalt zu behalten, das beständig ins Zittern geriet..."*[19] In Bezug auf Inge sind es die Augen Tonios, welchen er verbietet, *„sich ihr zu nahen."*[20] Eben diese *„seine Augen trübten sich mehr und mehr"* beim Anblick der Angebeteten.[21] Tonio *"blickte aber in sich hinein, wo soviel Gram und Sehnsucht war."*[22]

Wenn Tonio im sechsten Kapitel als erwachsener Mann in seine Heimatstadt zurückkehrt, bleiben seine Augen, sein Gesicht unerkannt und er fühlt *„sich sicher hinter seiner Maske."*[23] Auf dem Schiff gen Dänemark ergreift ihn dann *„eine schaukelnde und still entzückte Stimmung"*.[24] Die Rückkehr in den heimatlichen Norden erweckt ein Gefühl in Tonio, das *„ihn ins Innerste traf..."*[25] Als er meint, Inge und Hans nach langen Jahren wieder zu sehen, wird dadurch *„ein Prickeln in seiner Haut"*

---

[15] Mann: Tonio Kröger, S.267.
[16] Ebd. S. 270.
[17] Ebd. S. 271.
[18] Ebd. S. 272.
[19] Ebd. S.273.
[20] Ebd. S. 278.
[21] Ebd. S. 279.
[22] Ebd. S. 280.
[23] Ebd. S. 304.
[24] Ebd. S. 312.
[25] Ebd., S. 316.

verursacht.[26] Tonio beobachtet Inge und Hans und „*plötzlich erschütterte das Heimweh seine Brust*".[27] Die liebevollen Gefühle zur Heimat sind also verwoben mit der jugendlichen Liebe Tonios zu seinen Angebeteten. „*Er kannte sie so gut, die melancholisch-nordische, innig-ungeschickte Schwerfälligkeit der Empfindung.*"[28] Inge und Hans spiegeln eine ruhige Gefühlswelt wieder, in welcher das Leben selbstverständlich, dem Schlafe gleich, dahingenommen wird. „*Völlig dem Gefühle leben zu dürfen*" bedeutet Freiheit von Schmerz und Leid.[29] Dieser Zustand steht in Opposition zu Tonios Leben als Künstler.

Auffallend ist, dass in dem Teil der Novelle, in welchem Tonio sich von seiner Heimat abwendet und sein Künstlerleben führt, sein Inneres zwar sehr bewegt ist, doch sind es in den Kapiteln drei bis sechs eher Gedanken denn Gefühle Tonios, die vom Autor verbildlicht werden. Emotionen, die hier Erwähnung finden, sind eher negativer Natur, wie Hochmut, Ekel und Hass und werden gänzlich ohne Verortung im Körper beschrieben.[30] Besonderen Raum nimmt der Erkenntnisekel ein, unter welchem Tonio als geborener Literat leidet. Doch auch dieser „*Zustand, in dem es dem Menschen genügt, eine Sache zu durchschauen, um sich bereits zum Sterben angewidert [...] zu fühlen,*" löst keine körperlichen Reaktionen bei Tonio aus.[31]

Tonios Gefühle, insbesondere das der Liebe und die damit verbundene Sehnsucht, äußern sich auf der physischen Ebene. Es könnte demnach der Eindruck entstehen, dass Liebe, Leid und Emotionen etwas Lebendiges sind. Allerdings lebt Tonio in seiner Zeit als Künstler fernab der Heimat mit dem Gefühl eines Leidensdrucks, obwohl der Körper hier keine Rolle in Bezug auf Tonios Emotionen spielt. Das Künstlerdasein scheint unabhängig von einem vitalen Körper zu sein.

---

[26] Mann: Tonio Kröger, S. 323.
[27] Ebd. S. 325
[28] Ebd., S. 328.
[29] Ebd., S.328.
[30] Vgl. ebd., S. 284.
[31] Ebd. S. 294.

3. Kontextualisierung des Leitmotivs Herz

Im Folgenden wird der leitmotivische Gebrauch von „Herz" genauer untersucht. Dabei wird dem Verlauf der Erzählung und Tonio Krögers Entwicklung folgend, also chronologisch vorgegangen. Die in Abschnitt 2.1 entwickelte Dreigliederung der Novelle wird übernommen.

3.1 Tonios Jugend

Als Sohn eines Getreidehändlers von bürgerlicher Strenge und einer musisch-begabten südländischen Mutter empfindet Tonio sein Leben schon in jungen Jahren als Hybriddasein.[32] Die Mischung aus Leidenschaftlichkeit und gesittetem Bürgertum spiegelt sich auch im Namen der Titelfigur wieder. Der Vorname verweist auf etwas „*ausländisch* [...] *Besonderes*".[33] Tonios Nachname Kröger, ist der Name einer „*anständigen*", alteingesessenen Kaufmannsfamilie.[34] Seine Identitätssuche beginnt für Tonio Kröger als Schüler in der Enge seiner norddeutschen Heimatstadt.[35] Durch das südländische Äußere, das Tonio von seiner Mutter geerbt hat, sticht er allein optisch schon aus seinen Mitschülern heraus.[36] Des Weiteren besitzt Tonio die Gabe, eindringlich in seine Mitmenschen hineinzuschauen und so „*gewonnenen Einsichten bis auf den Grund zu empfinden*".[37] Diese Wahrnehmungen bringt er zu Papier. Die dabei entstehenden Verse schaffen eine Distanz zwischen Tonio und seiner Umwelt.[38] Verstärkt wird der Unterschied zu seinen Altersgenossen ferner durch Tonios weitere außerschulische Beschäftigungen. Er reitet nicht wie seine Klassenkameraden, sondern wendet sich geliebten Dingen wie dem Garten des Elternhauses, der Ostsee und künstlerischen Tätigkeiten wie dem Schreiben, dem Lesen oder dem Musizieren zu.[39]

Durch seine Andersartigkeit entsteht in ihm eine innere Zerrissenheit. Einerseits beneidet er das unbeschwerte Dasein der „*Ordentlichen und Gewöhnlichen*" und empfindet Schmerz dabei, „*dies alles durchschauen zu müssen*".[40] Andererseits spürt

---

[32] Vgl. Mann: Tonio Kröger, S. 269.
[33] Ebd., S. 272f.
[34] Vgl. ebd., S. 269.
[35] Vgl. ebd., S. 265.
[36] Vgl. ebd., S. 266.
[37] Vgl. ebd., S. 267.
[38] Vgl. ebd., S. 268.
[39] Vgl. ebd., S. 268.
[40] Vgl. ebd., S. 273.

Tonio denen „*von solider Mittelmäßigkeit*"[41] gegenüber eine gewisse Überlegenheit, obschon er Hans Hansen gerade dafür liebt, dass er ihm mit seiner klaren Heiterkeit „*als sein eigenes Wiederspiel und Gegenteil erschien*".[42] Die Nicht-Fremdheit und schlichte Gemütsweise Hansens ist es, an welcher Tonio sich reibt.

Das erste Kapitel beschreibt den Helden in einem Spannungsverhältnis zwischen der Annäherung an das ihn umgebende bürgerliche Dasein und dem Abstand zu eben jener bürgerlichen Sphäre, den Tonio aufgrund seines kritischen Reflexionsvermögens unfreiwillig pflegt.[43] Das Leiden Tonios entspringt der Sehnsucht nach Zugehörigkeit zu seiner ersten großen Liebe Hans. Er vermag weder die Draufsicht auf Hansens Bürgerlichkeit auszublenden, noch sich so anzupassen, dass er auf Gegenliebe hoffen dürfte. Tonio befindet sich in einem Zwiespalt mit sich selbst, der ihn unentwegt quält. Diese Qual wird mit der Lebendigkeit seines Herzens in Beziehung gesetzt, denn „[d]*amals lebte sein Herz; Sehnsucht war darin und schwermütiger Neid und ein klein wenig Verachtung und eine ganze keusche Seligkeit.*"[44]

Vitalität erfährt Tonios Herz ebenfalls durch die unerfüllte Liebe zu Ingeborg Holm. Die Zuneigung zu dem Mädchen „*ergriff sein Herz, weit stärker als*" die Empfindungen die er Hans gegenüber dereinst hatte.[45] Äußerlich und im Gemüte das weibliche Pendant zu Hans Hansen, ruft Inge in Tonio den Wunsch nach einem Leben als „*gewöhnlich kleine Persönlichkeit*" hervor.[46] Doch die von Tonio ersehnte unreflektierte Naivität widerspricht seiner Gabe, durch scharfe Beobachtung die Oberfläche des Banalen zu durchdringen.[47] Der Gegensatz in Tonios Wesen bleibt unversöhnt. Er lässt Schmerz, Drangsal und Demütigung über sich ergehen. Sein Herz ist unruhig und voller Melodien. „*Er sehnte sich, [...] lebendig zu sein*".[48] Tonio erfüllt sich diesen Wunsch nach Lebendigkeit gleichsam durch die traurige Liebe zu Inge,

---

[41] Mann: Tonio Kröger, S. 269.
[42] Vgl. ebd., S. 269.
[43] Vgl. Anne Schramm: Eigene Mitschrift aus dem Seminar: Thomas Manns Erzählungen und Novellen. Frank Tietje. CAU zu Kiel, SoSe 2017.
[44] Mann: Tonio Kröger, S. 275.
[45] Vgl. ebd., S. 276.
[46] Vgl. ebd., S. 281.
[47] Vgl. Hugh Ridley / Jochen Vogt: Thomas Mann, S. 27.
[48] Mann: Tonio Kröger, S. 276.

denn „*einsam, ausgeschlossen und ohne Hoffnung* [...] *war er dennoch glücklich. Denn damals lebte sein Herz.*"[49]

Tonios sezierender Blick entlarvt zunehmend seinen Wunsch, ein bürgerliches Leben führen zu können, als Illusion. Die „*Flammen seiner Liebe* [...] *erloschen.*" Ohne jedes Verliebtsein und durch den Verkauf der väterlichen Firma von der Bürde des kaufmännischen Lebens befreit, geht Tonio gänzlich abgelöst von allen Emotionen, welche ihn an seine Heimat binden, den „*Weg, den er gehen mußte* [sic.]" und folgt den Spuren seiner Mutter, indem er gen Süden strebt.[50]

3.2 Tonios Leben als Künstler

Während der folgenden fünfzehn Jahre lebt Tonio im Süden ganz hingegeben an die „*Macht*, [...] *zu deren Dienst er sich berufen fühlte*, [*die*] *Macht des Geistes und Wortes.*"[51] Er führt ein Leben als erfolgreicher Schriftsteller, denn „*sein Name* [...], *dieser aus Süd und Nord zusammengesetzte Klang, dieser exotisch angehauchte Bürgersname* [*ward*] *zu einer Formel, die Vortreffliches bezeichnete.*"[52] Es ist das Hybriddasein, das Tonios Erfolg ausmacht. Die Bürgerlichkeit, „*das plumpe und niedrige Dasein, das ihn so lange in seiner Mitte gehalten hatte*", gereicht ihm dazu, „*der Menschen Seelen*" zu erschließen.[53] Die scharfsinnige Beobachtung seiner Umwelt ermöglicht ihm Einblicke in das, ‚was die Welt [i]m Innersten zusammenhält.'[54] Tonios schriftstellerisches Geschick resultiert aus seiner überlegenen Position seinen Mitmenschen gegenüber. Die präzise Beobachtungsgabe lässt ihn die Abgründe der menschlichen Existenz erkennen. Dadurch vergrößert sich der Abstand zu seiner Umwelt.[55] Die daraus resultierende Einsamkeit versucht Tonio durch sexuelle Ausschweifungen, „*haltlos zwischen krassen Extremen*", zu kompensieren.[56] Tonio quält sich durch seine Existenz als Künstler. „[I]*n dem Maße, wie seine Gesundheit*

---

[49] Mann: Tonio Kröger, S. 281.
[50] Vgl. ebd., S. 282f.
[51] Ebd. S. 283.
[52] Ebd., S. 285.
[53] Vgl. ebd., S. 283.
[54] Johann Wolfgang Goethe: Faust. Der Tragödie erster Teil, Stuttgart 2000 [folgt: in: Ders.: Faust-Dichtungen. Bd. 1: Texte. Hg. von Ulrich Gaier. Stuttgart 1999], Z. 382f.
[55] Vgl. Anne Schramm: Eigene Mitschrift aus dem Seminar.
[56] Vgl. Mann: Tonio Kröger, S. 284.

geschwächt ward, verschärfte sich seine Künstlerschaft."[57] Tonio empfindet sich selbst als unlebendigen, aber im höchsten Maße schöpferisch arbeitenden Menschen. In seiner Wahrheit muss *"man gestorben sein [...], um ganz ein Schaffender zu sein.*"[58] Er leidet unsäglich, *"da sein Herz tot und ohne Liebe war.*"[59] Der Preis für Tonios künstlerischen Erfolg ist also das Fehlen jeglicher Herzenswärme und menschlicher Liebe.

Tonio stellt seine Schaffens- und Lebensumstände mit wachsendem Leidensdruck zunehmend in Frage. Seine Identitätszweifel erreichen ihren Höhepunkt im vierten Kapitel. In einem monologähnlichen Gespräch mit der befreundeten Künstlerin Lisaweta Iwanowa müht sich Tonio um Selbstfindung, indem er sein eigenes künstlerisches Dasein verhandelt. Er stellt fest, dass der Künstler immer *"etwas Außermenschliches und Unmenschliches sei*".[60] Eine Kälte dem menschlichen Leben gegenüber sei von Nöten, um das hinter den Fassaden desselbigen Verborgene wahrzunehmen und in *"gelassener Überlegenheit*" zu Literatur zu formen. Das Herz darf nicht *"zu warm*" schlagen, da *"das warme herzliche Gefühl [...] immer banal und unbrauchbar*" ist.[61]

Die Zeit des Frühlings verdeutlicht Tonio seinen Identitätskonflikt: Gleichzeitig mit dem Erwachen der Natur regen sich in ihm Lebensgeister. Diese Empfindungen, denen sich vollends hinzugeben er nicht im Stande ist, hemmen seine literarische Produktivität. Er erkennt, dass der Ausschluss vom Leben Voraussetzung für seine Schaffenskraft ist. Diese Selbstreflektion gelingt Tonio kraft seines *"lebendig genug, liebevollgenug [sic.] gebliebenen*" Herzens.[62]

Obschon Tonio vom Erkenntnisekel, der ihn spüren lässt, *"was das ist: zum Wissen berufen werden, ohne dazu geboren zu sein*", unterjocht ist, will er dem Leben nicht entsagen. [63] Er gesteht Lisaweta seine Liebe zum Leben als *"das Normale, Wohlanständige und Liebenswürdige [...] in seiner verführerischen Banalität.*[64]

---

[57] Mann: Tonio Kröger, S. 284f.
[58] Ebd., S. 285.
[59] Ebd., S. 284.
[60] Ebd., S. 289.
[61] Vgl. Ebd.
[62] Vgl. ebd., S. 291
[63] Vgl. ebd., S. 294.
[64] Vgl. ebd., S. 296.

Die Antwort seiner Freundin, dass er *„ein Bürger auf Irrwegen"* sei,[65] bringt Tonio dazu, seine Position zu verlassen, gen Norden zu reisen und seinen Ausgangspunkt wieder zu *„berühren"*.[66]

3.3 Tonios Rückkehr in die Heimat

Auf dem Weg nach Dänemark macht Tonio Zwischenhalt in seiner Vaterstadt, die er dereinst mit *„nichts als Spott im Herzen"* verlassen hatte.[67] Bei seinem Aufenthalt in der engen Stadt äußern sich Tonios Gefühle auch wieder körperlich, wenn er *„das ängstliche Pochen seines Herzens"* spürt. Je näher er seinen Ursprüngen kommt, desto deutlicher regt sich seine Physis. *„Sein Herz schlug ängstlich"*, als er sein Elternhaus aufsuchte.[68] Die Erinnerung an seinen Vater führt Tonio wiederholt seine eigene unbürgerliche Lebensart vor Augen.[69] Die aus seiner *„entarteten Lebensführung"*[70] resultierende Angst steht im Kontrast zu einer gleichzeitig empfundenen Erleichterung, *„wie in gewissen, leichten Träumen, in denen die Hindernisse von selbst vor einem weichen"*.[71] Ein paar Abschnitte weiter wird Tonio an die Liebe erinnert, die er seinem Vater entgegenbrachte. Körperlich wahrgenommene Regungen des Herzens stehen also in Verbindung mit der Liebe zu Tonios Zuhause.

Auf der Überfahrt nach Dänemark taucht das Leitmotiv Herz zunächst bei einem Mitreisenden auf, der *„sich in einer jener [...] Stimmungen [...] in denen das Herz auch Fremden sich öffnet"* befindet, während er vor Tonio über die Bedeutung des menschlichen Lebens dahinphilosophiert.[72] Diese Öffnung des Herzens kann als erster Schritt der Öffnung Tonios für lebendige Emotionen gesehen werden, befindet sich Tonio doch im selben Moment in einem *„heimlichen und freundschaftlichen Gefühl"*.[73] In der selbigen Nacht findet er schwerlich in den Schlaf *„und sein Herz war unruhig wie in ängstlicher Erwartung vor etwas Süßem"*.[74] Beim Anblick der nächtlichen Ostsee regt sich Tonios heimatliche Liebe und in Erinnerung an seine

---

[65] Mann: Tonio Kröger, S. 299.
[66] Vgl. ebd., S. 300.
[67] Vgl. ebd., S. 301.
[68] Vgl. ebd., S. 305.
[69] Vgl. ebd., S. 303.
[70] Ebd. S. 302.
[71] Vgl. ebd, S. 305.
[72] Vgl. ebd., S. 313.
[73] Ebd., S. 314.
[74] Vgl. ebd.

Jugend formuliert er den Anfang eines Gedichtes, das, obgleich es unvollkommen bleibt, Vitalität erweckt, denn „[S]*ein Herz lebte…*".[75]

Während seines Aufenthalts im dänischen See-Kurort verdichten sich die Regungen seines Herzens. Das Schriftstellertum begleitet Tonio in der Form, als dass er ein Buch bei seinen Spaziergängen mit sich nimmt, *„aber er las nicht eine Zeile darin"*.[76] Die Literatur ist präsent, doch „[e]*r genoss ein tiefes Vergessen, ein erlöstes Schweben über Raum und Zeit, und nur zuweilen war es, als würde sein Herz von einem Weh durchzuckt"*.[77]

Als Tonio glaubt, am Strand Hans Hansen und Ingeborg Holm wiederzuerkennen, wird sein Inneres erneut aktiviert und er beginnt sich zu *„freuen, mit einer so ängstlichen und süßen Freude, wie er sie lange, tote Jahre hindurch nicht mehr erprobt hatte"*.[78] Tonio imaginiert sich in seine Jugendzeit und greift zurück auf die alten Emotionen, die Inge und Hans in ihm auslösten: Liebe, Sehnsucht und Schmerz. „[W]*ie damals war es, und er war glücklich wie damals. Denn sein Herz lebte.*"[79]

Das Heimweh bringt Tonio Kröger die Selbsterkenntnis, dass sein Bürgertum mit der Liebe zum Leben gleichzusetzen ist.[80] Ferner gesteht er sich zu, in seinem ihm von den Eltern geschenkten Hybriddasein eine *„Mischung, die außerordentliche Möglichkeiten – und außerordentliche Gefahren in sich schloß [sic.]"* zu sehen.[81] Er hält eine Symbiose der bisher für ihn unvereinbaren künstlerischen und bürgerlichen Lebensformen nunmehr für möglich. Durch die Akzeptanz der Bipolarität seines Daseins ist Tonio ein Blickwinkel mit Einsicht in beide Welten, Bürger- als auch Künstlertum, gegeben. Die Kreuzung von südlicher Emotionalität und nordischer Rationalität machen ihn produktiv und erlauben ihm so ein Unterlaufen der Oppositionen.[82] Indem sein künstlerisches Genie auf seine *„Bürgerliebe zum Menschlichen"* zurückgreift, macht er seine Gefühle für seine Kunst fruchtbar und seine Literatur wird zur qualitativ hochwertigeren Dichtung.[83] Durch eine freundliche

---

[75] Mann: Tonio Kröger, S. 315.
[76] Ebd., S. 319.
[77] Ebd.
[78] Ebd., S. 322.
[79] Ebd., S. 329.
[80] Vgl. ebd., S. 330.
[81] Vgl. ebd., S. 330.
[82] Vgl. Benita von Consbruch: Der Wille zum Schweren. Künstlerprofile in den frühen Erzählungen Thomas Manns, Marburg 2010, S. 81.
[83] Vgl. Mann: Tonio Kröger, S. 331.

Zugewandtheit zum Menschen und gleichzeitig kritisches Hineinschauen in *„eine ungeborene und schemenhafte Welt"* erreicht Tonio Kröger einen neuen künstlerischen Standpunkt.[84]

4. Die Funktionsweise des Leitmotivs „Herz"

Die Untersuchung der Belegstellen hat gezeigt, dass das Motiv Herz grundsätzlich auf Emotionalität verweist. Auch wenn Tonios Herz tot ist, empfindet er Liebe und Leid. Allerdings weisen die Gefühle qualitative Unterschiede auf, die davon abhängen, ob das Herz lebendig ist oder nicht.

Die Lebendigkeit des Herzens ist in der bürgerlichen Welt angesiedelt. Als Repräsentanten des Bürgertums führen Hans Hansen und Ingeborg Holm ein unreflektiertes und daher unbeschwertes Leben. Die immer wieder betonte Blauäugigkeit der beiden geht einher mit einer körperlichen Stärke, an welcher es Tonio mangelt. Doch gewinnt Tonio seine körperliche Vitalität aus der Liebe zu *„den hellen Lebendigen"*.[85] Auch wenn er keinen wirklichen Kontakt mit dem „Leben" aufnimmt, da keine Liebesbeziehung entsteht, versorgen ihn die Angebeteten aus der Ferne mit Lebendigkeit.[86] Die Liebe zu ihnen lässt ihn leiden, ihn Sehnsucht und Neid empfinden, wodurch sein Herz lebendig ist. Zugleich empfindet er Glück. Ebenso verhält es sich, wenn er zurückkehrt in die Heimat und sich letztendlich seine Liebe zum Bürgertum eingesteht. Solange sich der Titelheld in einer bürgerlichen Sphäre aufhält, ist die Funktion seines Herzens als psychisches Organ eng mit der Körperfunktion verbunden.

Dem Bürgertum gegenübergestellt ist das Künstlertum, welches mit der Unlebendigkeit des Herzens verbunden ist. Die Analyse der Emotionen unter 2.2 hat gezeigt, dass die Künstlerexistenz negative Gefühle mit sich bringt, die keiner körperlichen Verortung bedürfen, sondern auf der Ebene des Geistes wirken. Während seiner Lebensphase als Künstler empfindet Tonio keine Liebe zu Mitmenschen. Er spürt daher auch keine Sehnsucht oder Glück. Sein Herz ist inaktiv. Der Geist steht antithetisch dem Körper

---

[84] Vgl. Mann: Tonio Kröger, S. 331.
[85] Vgl. ebd., S.331.
[86] Vgl. Hermann Kurzke: Thomas Mann. Epochen, Werk, Wirkung. 4. Auflage, München 2010, S. 104.

gegenüber.[87] Sein künstlerischer Perfektionsdrang ruft in Toino Gefühle wie Ekel, Verachtung und Ehrgeiz hervor, die sich aber nicht im -oder durch den Körper äußern. Er empfindet Qual im Geiste. Die Liebe ist losgelöst von Personen nur noch als gedankliches Konstrukt als Liebe zum Abstraktum «Leben» vorhanden.

Durch die Synthese von Tonios bürgerlicher und seiner künstlerischen Seite kann sein Herz quasi wiederbelebt werden. Tonio wendet sich ab von einem Leben als exzentrischer Künstler und wieder seiner Heimat zu. Der Norden hilft ihm, Literatur und Leben in der Theorie zumindest zu vereinen und Liebe zu spüren. Weil er sich seine Liebe zur Heimat und damit auch zum Bürgertum zugesteht, soll es Tonio gelingen, durch eine Neudefinition von Künstlertum mit lebendigem Herzen schriftstellerisch tätig zu werden. Er entwickelt ein ethisch-ästhetisches Lebensprogramm.[88] Allerdings bleibt die Liebe des Geistes zum Leben unerfüllbar und Tonio liebt das Leben daher nur „von außen".[89] Der Konflikt der Unvereinbarkeit von Geist und Kunst erfährt durch eine ‚positive, konstruktive Ausweitung der Thematik' eine Tendenz zur Lösung.[90]

5. Fazit

Die mögliche Anfangsthese, die Funktion des Herzens gehe über das Empfinden von Emotionen hinaus, hat sich bestätigt. Durch die Koppelung des Herzens an die Pole tot und lebendig wird das Leitmotiv gleichsam auf der physischen Ebene bedeutend. Allerdings haben die Vitalitätszustände des Herzens Auswirkung auf die Regung der Emotionen im Körper und nicht umgekehrt, wie zu vermuten wäre. Tonios Herz stirbt nicht, weil er keine Gefühle mehr hat. Aber wenn das Herz tot ist, empfindet Tonio nur noch im Geist. Das belebte Herz steht in direktem Zusammenhang mit dem Leben in der Bürgerlichkeit. Die Bürgerlichkeit wiederum ist fest verwoben mit dem Motiv der Liebe. Der Zyklus schließt sich, indem die Liebe ihrerseits im Herzen angesiedelt ist.

---

[87] Vgl. Anne Schramm: Eigene Mitschrift aus dem Seminar.
[88] Vgl. Hugh Ridley / Jochen Vogt: Thomas Mann, S. 31.
[89] Vgl. Hermann Kurzke: Thomas Mann, S. 103.
[90] Vgl. Benita von Consbruch: Der Wille zum Schweren, S. 69.

Und dennoch scheint hier etwas „*nicht rund geformt und in Gelassenheit zu etwas Ganzem geschmiedet*"[91]:

Der Autor jongliert mit den Begriffen *Leben*, *Liebe* und *Geist* auf eine Art und Weise, die weder mit Kunst, noch mit Realität zu tun hat.[92] Das Leitmotiv Herz flicht die drei Abstrakta ineinander, so dass sie greifbar werden. Wie ein Signal wird es vom Autor in ständiger Wiederholung eingesetzt und dient so zur Orientierung. Indem das Motiv in unterschiedlichen Kontexten gebraucht wird, hilft es dem Leser ‚Anklänge' an bereits Beschriebenes zu erfassen. Durch die so hergestellten Zusammenhänge erfährt die Handlung mehr Tiefe.[93]

Bei der Suche Tonio Krögers nach seiner Identität operiert das Herz als Indikator für die Zugehörigkeit zum Bürgertum. Die Reaktionen des Herzens korrelieren mit den Lebensumständen Tonios. Das Leitmotiv Herz bildet zeichenhaft die Entwicklung Tonios von der Suche nach seiner Künstleridentität bis zur Vereinbarkeit von Künstler- und Bürgertum ab.

6. Ausblick

Folgt man Hermann Kurzke, so wäre es geboten, zum besseren Verständnis des Werkes lebensgeschichtliche Fakten über Thomas Mann heranzuziehen und mit seinem literarischen Werk abzugleichen.[94] Es wäre interessant, den Identitätskonflikt in *Tonio Kröger*, nachdem die leitmotivische Funktion von Herz hier einmal erhellt wurde, mit der Biographie des Autors abzugleichen. Hierfür ist, obschon lohnenswert, an dieser Stelle leider nicht der Raum.

---

[91] Mann: Tonio Kröger, S. 315.
[92] Vgl. Hugh Ridley / Jochen Vogt: Thomas Mann, S.32.
[93] Vgl. Benita von Consbruch: Der Wille zum Schweren, S. 61.
[94] Vgl. Hermann Kurzke: Thoms Mann, S.89.

7. Literaturverzeichnis

Primärquelle

Mann, Thomas: Tonio Kröger, in: Ders.: Die Erzählungen. Einmalige Sonderausgabe. S. Fischer, Frankfurt am Main 2005, S. 265 – 331.

Sekundärquellen

Consbruch, Benita von: Der Wille zum Schweren. Künstlerprofile in den frühen Erzählungen Thomas Manns, Marburg 2010.

Goethe, Johann Wolfgang: Faust. Der Tragödie erster Teil, Stuttgart 2000 [folgt: in: Ders.: Faust-Dichtungen. Bd. 1: Texte. Hg. von Ulrich Gaier. Stuttgart 1999].

Kurzke, Hermann: Thomas Mann. Epochen, Werk, Wirkung. 4. Auflage, München 2010.

Kurzke Hermann: Thomas Mann. Das Leben als Kunstwerk, München 1999.

Ridley, Hugh / Vogt , Jochen: Thomas Mann. UTB Profile (Bd. 3283). Paderborn 2009.

Schramm, Anne: Eigene Mitschrift aus dem Seminar: Thomas Manns Erzählungen und Novellen. Frank Tietje. CAU zu Kiel, SoSe 2017.

BEI GRIN MACHT SICH IHR WISSEN BEZAHLT

- Wir veröffentlichen Ihre Hausarbeit,
  Bachelor- und Masterarbeit

- Ihr eigenes eBook und Buch -
  weltweit in allen wichtigen Shops

- Verdienen Sie an jedem Verkauf

Jetzt bei www.GRIN.com hochladen
und kostenlos publizieren